Culinaria Colonia

Ein Kochbuch zur Kölschen Lebensart

von Milca und Jan Künster

ISBN 3-00-017117-7

www.jan-kuenster.com

edition modity

Die Aquarell-Zeichnungen in
diesem Buch wurden gemalt
von Jan Künster.

Die Rezepte stammen aus der
Küche von Jan und Milca Künster.

Die Texte schrieb Milca Künster.

Die grafische Gestaltung des Werkes
einschließlich Layout, Satz, Scans und
Umschlaggestaltung erfolgte durch
Moritz Künster (monstergraphics.de).

Lektorat: Susanne Künster

Die Reproarbeiten führte die
Firma E&R Repro GmbH in
Donauwörth durch.

Gedruckt wurde bei Ludwig Auer GmbH,
Donauwörth, Deutschland.

Gesetzt wurde aus der Goudy Old Style.

Der Druck erfolgte
auf 200 g Kunstdruckkarton.

INHALT

Jot ze wesse -
Die Geschichte der Küchenclowns

Als der liebe Gott die Welt und die Menschen erschuf, besann er sich darauf, dass auf der Erde Friedfertigkeit und Fröhlichkeit herrschen sollten. So entstanden bei den Menschen zuerst die Weihnachtsmänner und dann die Clowns. Zur Unterscheidung bekamen die Weihnachtsmänner eine rote Zipfelmütze und die Clowns eine rote Nase. Die Weihnachtsmänner wurden über viele Länder verteilt, um an die frohe Botschaft zu erinnern. Die Clowns siedelten in einer fruchtbaren Ebene an einem Ort, den man später Colonia nannte. Sie zelebrierten die Fröhlichkeit, aßen und tranken und feierten.

Unter den lustigen Clowns gab es besondere Küchenclowns, die ausschließlich mit der Zubereitung der erlesensten Speisen beschäftigt waren und die ihr Wissen an die Menschen weitergaben. Die Kunde von den außerordentlichen Kochkünsten verbreitete sich schnell landauf und landab. So ist es nicht weiter verwunderlich, dass schon vor mehr als 2000 Jahren die am Mittelmeer lebenden Römer auf diesen von Gottes Wohlwollen behüteten Ort am großen Fluss Rhenus aufmerksam wurden. Einige von Ihnen wanderten über die Alpen und ließen sich in Colonia nieder, um dort von den Clowns das Kochen zu erlernen. Es kam zu einem fruchtbaren Austausch mit der mediterranen Küche, der die Rezepturen der fröhlichen Gesellschaft unter anderem mit Hülsenfrüchten, Sauerkraut und Krustentieren vielfältig erweiterte.

Im Mittelalter erschienen plötzlich alle Weihnachtsmänner bei den Clowns am Rhein. Sie beklagten, dass es so dunkel sei auf der Welt. Deshalb beschloss man gemeinsam, Gott zu Ehren an diesem besonderen Ort der Fröhlichkeit eine große Kathedrale zu erbauen, um den Menschen wieder Glauben, Licht und Zuversicht zu bringen. So entstand der Kölner Dom.

Viele Jahrhunderte später kamen aus Südwesten die Franzosen nach Köln, die ihrerseits zwar bereits über ein beachtliches "Savoir Vivre" verfügten, aber dennoch begierig waren, die kölsche Lebensart und die kölschen Kochkünste zu studieren. Auch die Clowns profitierten davon und gewährten den Rezepturen von da an ein gewisses "Laisser Faire", das später auch die korrekten Preußen nicht mehr ändern konnten. Die Clowns kochen nach wie vor mit viel Geduld und Zeit. Denn anders geht es nicht.

Auch heute leben noch viele Clowns in Köln. Sie treffen sich einmal wöchentlich in der Stadt in einer der vielen kölschen Kneipen, um dort ihre Rezepte zu besprechen, die heute natürlich viel moderner und leichter sind als früher. Sie tauschen sich aus über Neues aus den Küchen der Haute Cuisine, diskutieren über die Erhaltung der Hausmannskost, über fettreduzierte Soßen und die potentielle Beeinträchtigung des Backwerks bei der Verwendung von Vollkornmehl.

Jedes Jahr kommen die Weihnachtsmänner zu Besuch, dann feiert man Weihnachten im Kölner Dom, wenn der “Dicke Pitter” läutet.

Und einmal im Jahr treffen sich alle Clowns dieser Welt in Köln und sie feiern gemeinsam ein großes Fest. Sie singen und tanzen und essen und trinken; und das nennt man Karneval.

Dies ist die Geschichte der Clowns bzw. der Küchenclowns, die es sich nicht nehmen lassen, den geneigten Leser durch dieses Buch zu führen.

Jarnele in Knobizaus

Garnelen in Knoblauchsoße

für 4 Personen

200 g gefrorene Garnelen ohne Schale, roh (king prawns), ½ Liter Brühe, frische Kräuter (Rosmarin, Lavendel, Thymian, Zitronenthymian, etc.), Olivenöl oder Woköl, 4 Knoblauchzehen, Butter, ½ Esslöffel Tomatenmark, 200 ml Sahne, 2 Lauchzwiebeln, Zitrone, 2 cl Weinbrand, Worcester Sauce, Zucker, Salz, Pfeffer

Für die Soße die Lauchzwiebeln schälen und hacken, in etwas Butter anbraten, mit Brühe ablöschen und mit Sahne auffüllen. Dann 3 fein gehackte Knoblauchzehen, das Tomatenmark und die frisch gehackten Kräuter zugeben. Den Saft einer halben Zitrone und 1 Teelöffel Zucker hineingeben. Die Soße ca. 30 Minuten leicht köcheln lassen. Häufig umrühren. 10 Minuten vor Ende der Garzeit mit Salz und Pfeffer abschmecken, ein Glas Cognac oder Weinbrand und etwas Worcester Sauce zugeben.

Die Garnelen auftauen und abtrocknen. In einer Pfanne Olivenöl oder Woköl erhitzen. 1 Knoblauchzehe abziehen und mit der flachen Hand zerdrücken, in das Öl geben und die Garnelen darin von jeder Seite 1 Minute braten.

Die Soße auf warmen Tellern verteilen und die Garnelen darin anrichten, mit Baguette oder Ciabatta servieren.

Saubrode met Thunfeschsößje

Feingeschnittener Braten mit Thunfischsoße

für 6 Personen

500 g Schweinerückenbraten (mager),
Salz, Pfeffer, Paprika, Bratschlauch
für die Sauce: 1 Dose Thunfisch ohne Öl, 2 Eigelb,
150 ml Olivenöl, 2 Esslöffel Kapern, 1 kleine Zwiebel,
1 Esslöffel Balsamico-Essig, ½ Zitrone, Salz, Pfeffer aus
der Mühle, Kapernäpfel und roter Pfeffer
zum Garnieren.

Schweinebraten waschen, trocken tupfen, mit Salz, Pfeffer und Paprika kräftig einreiben. Im Backofen nach Anweisung im Bratschlauch zubereiten (bleibt saftig). Alternativ den Braten rundum in der Pfanne anbraten, dann bei 180 Grad etwa 45 Minuten im Backofen (Bräter) unter häufigem Begießen auf mittlerer Schiene braten. Thunfisch abtropfen lassen, mit Eigelb, Kapern und dem Saft von einer halben Zitrone und 2 Esslöffeln Essig fein pürieren. Nach und nach Olivenöl einfließen lassen. Zu einer sämigen Soße verrühren, mit Salz und Pfeffer abschmecken. Fleisch in dünne Scheiben schneiden, auf Tellern mit der Thunfischsoße anrichten und 1 bis 2 Stunden durchziehen lassen. Vor dem Servieren mit Kapernäpfeln und rotem Pfeffer garnieren.

SCHLOT VUM JRÖNE SPARJEL

Salat vom grünen Spargel

für 2 Personen

500 g grüner Spargel, Balsamico-Essig, Walnussöl, 3 Frühlingszwiebeln, 1 Zitrone, Salz, Pfeffer, 5 - 6 braune Champignons, frisch geriebener Parmesankäse, 1 Esslöffel gehackte Walnüsse

Spargel schälen, bzw. putzen, in 5 cm lange Stücke schneiden und 5 Minuten blanchieren. Währenddessen ein Dressing aus Balsamico-Essig und Walnussöl zubereiten, Zwiebeln klein schneiden und hineingeben, mit Salz, Pfeffer und frisch gepresster Zitrone abschmecken. Das Dressing über die noch lauwarmen Spargel geben. Champignons in Scheiben schneiden und dazu geben. Etwa eine Stunde ziehen lassen, dabei den Salat mehrfach wenden. Vor dem Servieren mit Parmesankäse und gehackten Walnüssen bestreuen. Dazu reicht man Baguette oder Ciabatta.

Dies ist ein Gericht für einen warmen Sommerabend.

Muschele vum hellije Köbes

Jakobsmuscheln

für 4 Personen

8 frische Jakobsmuscheln, 200 g weiße Champignons, 4 Scheiben gekochten Hinterschinken, 2 Lauchzwiebeln, ca. 100 g Butter, 2 Esslöffel Mehl, 200 ml Brühe, Salz, Pfeffer, 100 ml Sahne, ½ Zitrone, Zucker, Worcester Sauce, etwas Paniermehl

Jakobsmuscheln waschen und in etwas Butter in einer Pfanne von jeder Seite ½ Minute anbraten. Die Muscheln herausnehmen und beiseite stellen. Klein geschnittene Lauchzwiebeln in etwas Butter anbraten. Die gewürfelten Champignons und den in Streifen geschnittenen Schinken zugeben und zusammen etwa 3 Minuten braten. Mit den in kleine Stücke geschnittenen Jakobsmuscheln gleichmäßig in 4 gebutterte Förmchen oder in große Muschelschalen verteilen.

Für die Bechamelsoße etwa 50 g Butter auslassen, mit Mehl bestäuben und mit der Brühe ablöschen, mit Salz und Pfeffer würzen. Etwas einkochen lassen, flüssige Sahne zugeben und mit Worcester Sauce, Zucker und Zitronensaft abschmecken. Die Soße über die Muschelmasse geben. (Bitte darauf achten, dass die Förmchen gut mit Soße getränkt sind.) Paniermehl darüber streuen und Butterflöckchen aufsetzen, dann bei 180 Grad etwa 15 Minuten auf mittlerer Schiene backen. Dazu passt Baguette.

Domhärejebäck

1 Päckchen tiefgekühlten Blätterteig (oder frisch), 200 g Räucherlachs, 150 g gekochten Schinken, 200 g Gouda, Mehl für die Arbeitsfläche

Blätterteig auftauen lassen. Die einzelnen Platten halbieren und auf bemehlter Arbeitsfläche jeweils auf 2 mm Dicke ausrollen. Den Teig in ca. 7 x 7 cm große Stücke schneiden. Lachs, Schinken und Käse in 4 x 4 cm große Stücke schneiden, einzeln auf die Teigstücke legen und einrollen. Schinken und Käse kann auch zusammen eingerollt werden. Die Teigröllchen fest zudrücken und mit etwas Abstand auf ein mit Backpapier ausgelegtes Backblech legen. Bei ca. 180 Grad im vorgeheizten Ofen etwa 20 Minuten backen, bis der Blätterteig goldgelb ist. Lauwarm servieren.

Man kann das Gebäck auch vorfertigen. Dafür die Backzeit um 5 Minuten verringern. Die Blätterteigröllchen abkühlen lassen und in Folie verpackt in den Kühlschrank legen. Sie halten sich dort 3 bis 4 Tage. Nach Bedarf dann bei 180 Grad noch einmal 5 Minuten aufbacken.

Pesto rut / jrön

Rot: 50 g getrocknete Tomaten, 1 Esslöffel eingelegte Kapern, 4 Knoblauchzchen, 5 Oliven, 100 ml bestes Olivenöl, ½ Zitrone

Die Tomaten ca. 4 Stunden in Wasser einweichen. (Man kann auch in Öl eingelegte Tomaten verwenden). Die Tomaten mit den Kapern, dem Knoblauch, Oliven und Öl in eine Schüssel geben und mit einem Mixer pürieren. Für die bessere Haltbarkeit den Saft einer halben Zitrone zugeben. Fertig!
Das Pesto hält sich in einem fest verschlossenen Glas im Kühlschrank ca. 2 Wochen.
Es eignet sich hervorragend als pikanter Brotaufstrich z. B. auf geröstetem Graubrot.

Grün: 1 großer Bund Basilikum, 80 g Pinienkerne, 5 Knoblauchzehen, 1 Prise Salz, 50 g frisch geriebener Parmesan, 200 ml bestes Olivenöl, ½ Zitrone

Basilikum klein hacken, Knoblauchzehen abziehen, klein schneiden und hinzufügen. Salz, Parmesan und Pinienkerne dazugeben und mit der Hälfte des Olivenöls pürieren. Mit dem restlichen Olivenöl auffüllen und den Saft von 1 halben Zitrone hineingeben. Noch einmal gut umrühren. Das Pesto sollte in einem verschlossenen Glas im Kühlschrank aufbewahrt werden. Es hält ca. 2 Wochen.

Das Pesto ist nicht nur zum Verfeinern von Soßen und Suppen geeignet, es schmeckt auch erwärmt als Spaghettisoße. Man kann es auch zum Grillen verwenden: Weißbrotscheiben mit Pesto bestreichen und kurz auf dem Grill rösten.

Zupp vum Rind

Rindfleischsuppe

1 kg zartes Rindfleisch (am besten Tafelspitz), 1 mittlere Zwiebel, Suppengrün (1 Stange Porree, 1 Möhre, ½ Sellerie), Salz, Pfeffer

2 Liter Wasser mit 1 Esslöffel Salz, der gewürfelten Zwiebel und dem klein geschnittenen Suppengrün zum Kochen bringen. Tafelspitz hineingeben und 2 Stunden auf kleiner Flamme köcheln lassen bis das Fleisch zart ist. Das Fleisch herausnehmen, in kleine Würfel schneiden und als Suppeneinlage verwenden. Alternativ kann man das Fleisch auch mit einer Senf- oder Meerrettichsoße warm oder kalt servieren.

Als Suppeneinlage eignen sich auch kleine Nudeln, die man 10 Minuten vor Ende der Garzeit in die Suppe gibt oder Eierstich oder Würstchen oder Backerbsen oder...

Fonds

Diese Suppe kann man gefiltert auch als Grundfond verwenden. Ein Fond ist die Grundlage einer jeden hellen oder dunklen Soße. Entsprechende Fonds lassen sich je nach gewünschter Geschmacksrichtung auch aus Kalbfleisch, Hühnerfleisch oder Fisch ziehen. Entscheidend ist die lange Garzeit bei leichter Hitze, damit sich die Aromen in der Brühe intensiv entfalten können. Nach dem Abkühlen den Fond portionsweise einfrieren und nach Bedarf verwenden.

Außerdem findet man heute verschiedenste industrielle Produkte in Form von hochwertigen Fertigfonds und Fleischextrakten, die mittlerweile auch in der gehobenen Küche Anwendung finden. Die Verwendung eines Brühwürfels mag zwar verpönt sein, aber es ist praktisch und man erreicht damit unmittelbar eine geschmacklich gehaltvolle Note.

Bunnezupp

Rheinische Schnibbelbohnensuppe

für 6 Personen

500 g Stangenbohnen, 500 g Kartoffeln, 500 g Kassler, 2 mittelgroße Zwiebeln, Suppengrün (1 kleine Porreestange, etwas Sellerie, 1 Möhre), Bohnenkraut, Pfeffer, Salz, 1 Esslöffel Zucker, 1 Esslöffel Balsamico-Essig

Suppengrün und Zwiebeln klein schneiden und in 2 Liter Wasser zum Kochen bringen. 1 Esslöffel Salz zugeben. Kassler (am Stück) hineingeben und auf kleiner Flamme ca. 30 Minuten ziehen lassen. Währenddessen die Bohnen putzen und schräg in 2 cm breite Stücke schneiden. Kartoffeln schälen und würfeln. Bohnen und Kartoffeln mit dem Bohnenkraut in die Suppe geben und in ca. 20 Minuten auf kleiner Flamme gar kochen. Kassler herausnehmen, klein schneiden und als Suppeneinlage verwenden. Vor dem Servieren die Suppe mit Zucker und Balsamico-Essig pikant abschmecken.

Ähzezupp

Erbsensuppe mit Speck und Würstchen

für 4 Personen

250 g getrocknete grüne Schälerbsen, 250 g getrocknete gelbe Schälerbsen, 500 g Kartoffeln, 250 g durchwachsener Speck, 50 g Butter, 2 Zwiebeln, 2 Möhren, 1 Lauchstange, 1 kleiner Sellerie, 1 Liter Brühe, Salz, Pfeffer, 4 Siedewürstchen

Die Erbsen über Nacht mit viel Wasser quellen lassen. Wasser nicht abschütten. Am nächsten Tag in einem großen Topf die Butter auslassen, die klein geschnittenen Zwiebeln und den gewürfelten Speck darin anschwitzen. Die Erbsen mit dem Quellwasser hinzugießen und mit der Brühe auffüllen. Kartoffeln, Möhren, Lauchstange und Sellerie in kleine Würfel schneiden und in die Suppe geben. Ca. 1 Stunde bei geringer Hitze kochen lassen, mit Salz und Pfeffer kräftig abschmecken. Die Suppe bitte häufig umrühren, denn sie brennt leicht an.
Vor dem Servieren die Würstchen in der Suppe erwärmen.

Diese Suppe ist auch aufgewärmt am nächsten Tag ein Gedicht.

Zupp vum Jemös

Gemüsesuppe

für 6 Personen

1 kg frisches
Gemüse der Saison
(Möhren, Wirsing,
Spitzkohl, Blumenkohl,
Kohlrabi, Erbsen, Zucchini, Paprika,
Staudensellerie, Tomaten, Bohnen, etc.), 200 g Kartoffeln,
1 große Zwiebel, 2 Liter Brühe, 1 Esslöffel Salz, Pfeffer aus der Mühle

Gemüse putzen und klein schneiden, Kartoffeln und Zwiebeln schälen, würfeln, mit dem Gemüse zusammen in einen Suppentopf geben und mit 2 Liter Brühe zum Kochen bringen. Salz und frisch gemahlenen Pfeffer zugeben. Bei mittlerer Hitze ca. 30 Minuten köcheln lassen. Kurz vor Ende der Garzeit 150 g Suppennudeln hineingeben und darin bissfest garen. Je nach Geschmack kann man vor dem Servieren 2 Esslöffel grünes Pesto (Seite 11) in die Suppe rühren.

Halve Hahn

Unter einem "Halve Hahn", der sehr oft auf kölschen Speisekarten zu finden ist, versteht man

1 Röggelchen (Roggenbrötchen), belegt mit 2 dicken Scheiben mittelaltem holländischen Gouda, garniert mit Zwiebelringen (Öllig). Dazu nimmt man Senf (Mostert).

Der Ausdruck "Halve Hahn", der schon manchen Fremden in die Irre geführt hat, stammt aus einem Wortspiel:

Jemand hatte ein halbes Roggenbrötchen (Röggelchen) mit Käse bestellt. Der Wirt brachte ein Ganzes, d. h. zwei halbe Brötchen und schon hieß es: "Ich wollt doch nur en halve han!" Damit war eine kölsche Spezialität geboren.

Kölsche Kaviar

Auch Kölschen Kaviar gibt es in vielen Lokalen. Wer dies bestellt, den erwartet

1 Röggelchen, 1 Stück Blutwurst (Flönz) mit Zwiebelringen Auch dazu nimmt man Mostert.

Dank des kölschen Humors, der mit einer kräftigen Portion Selbstironie durchsetzt ist, bezeichnete man dieses einfache Gericht während der mageren Nachkriegszeit als Kaviar.

Mettbrütcher

Mettbrötchen

200 g frisch durchgedrehtes Mett, Salz, Pfeffer, 4 Lauchzwiebeln, 4 frisch gebackene Brötchen

Mett mit Salz und Pfeffer kräftig abschmecken. Auf die halbierten Brötchen streichen und mit den klein geschnittenen Lauchzwiebeln bestreut servieren.

Tartar

200 g frisch durchgedrehtes Rinderfilet, Salz, Pfeffer, ein Ei, 4 Röggelchen

Das Ei unter die Fleischmasse geben, mit Salz und Pfeffer kräftig abschmecken und auf die halbierten Röggelchen streichen.

Zu Mettbrötchen und Tartar wie auch zum Halve Hahn und zum Kölschen Kaviar passt nur Kölsch!

Ädäppelschlot met Wöschjer

Kartoffelsalat mit Bockwürstchen

für 4 Personen

1,5 kg Kartoffeln, Salz, Pfeffer, 2 Zwiebeln oder 6 Lauchzwiebeln, ½ Liter Brühe, 5 Essiggürkchen (Cornichons), eventuell 1 Esslöffel Silberzwiebeln, 4 Esslöffel Salatmajonäse, 2 Esslöffel frische Kräuter aus dem Garten (Petersilie, Schnittlauch, Thymian)

Kartoffeln waschen und mit Schale gar kochen. Kartoffeln etwas abkühlen lassen, noch warm pellen und in Scheiben schneiden. Mit Salz und Pfeffer würzen und noch lauwarm mit der Brühe übergießen. Am besten über Nacht, mindestens aber 2 Stunden durchziehen lassen. Die Brühe bis auf einen kleinen Rest abgießen, klein geschnittene Zwiebelchen und Gürkchen, eventuell auch Silberzwiebeln zugeben und 3 bis 4 Esslöffel aufgeschlagene Salatmajonäse unterheben. Den Salat noch einmal eine Stunde durchziehen lassen. Vor dem Servieren frische Gartenkräuter darüberstreuen.

Dazu serviert man Bockwürstchen.

Wer nicht auf die Figur achten muss, kann die Majonäse für den Kartoffelsalat auch selbst herstellen:

2 Eigelb, Salz, Pfeffer, 1 Teelöffel Senf,
250 ml Olivenöl, 2 Teelöffel Essig
Alle Zutaten bei Zimmertemperatur!

Eigelb mit Salz, Pfeffer und Senf würzen und kräftig mit dem Schneebesen schlagen, bis die Masse steif wird. Dann unter ständigem Rühren nach und nach löffelweise das Öl und den Essig hinzugeben.

Sölz met jebrodene Ädäppel

Sülze mit Bratkartoffeln

500 g Kalbfleisch, 1 Liter Wasser, 2 Teelöffel Salz, 2 Lorbeerblätter, 1 Möhre, 1 Stange Sellerie, 1 Stange Lauch, Zucker, 1 Tasse Essig, 1 Bund Petersilie, 1 Päckchen Gelatine

Fleisch mit den Gewürzen und den klein geschnittenen Zutaten ins Wasser geben und etwa 1 Stunde bei geringer Hitze köcheln lassen, bis es zart ist. Das Fleisch herausnehmen und in kleine Würfel schneiden. Die Brühe durch ein Sieb geben, Essig zugeben und wieder zum Kochen bringen. Die Brühe um etwa ¼ reduzieren, von der Kochstelle nehmen und 1 Stunde ruhen lassen. Dann die gut ausgedrückte Gelatine einrühren. Eine flache Glasschüssel mit kaltem Wasser ausspülen, die Fleischwürfel mit der gehackten Petersilie hineingeben und mit der Brühe übergießen. Die abgekühlte Form im Kühlschrank fest werden lassen. Zum Servieren auf ein Brett stürzen und portionieren.

Bratkartoffeln:

500 g Kartoffeln, Salz, Pfeffer, 100 g durchwachsener Speck,
Öl zum Braten, 2 Zwiebeln

Kartoffeln mit Schale nicht zu weich kochen, abkühlen lassen, pellen und in Scheiben schneiden. In einer Pfanne in heißem Fett (es eignen sich auch Woköl oder Olivenöl) anbraten, mit Salz und Pfeffer würzen. Hitze wegnehmen und Kartoffeln unter häufigem Wenden braten bis sie knusprig sind. Speck und Zwiebeln würfeln und während der letzten 10 Minuten mitbraten.

Man kann nach gleichem Rezept auch rohe Kartoffeln verwenden. Diese vor dem Braten geschält und geschnitten 30 Minuten in kaltes Wasser stellen. Damit entzieht man den Kartoffeln die Stärke und sie lassen sich krosser braten.

Strammer Max

für 2 Personen

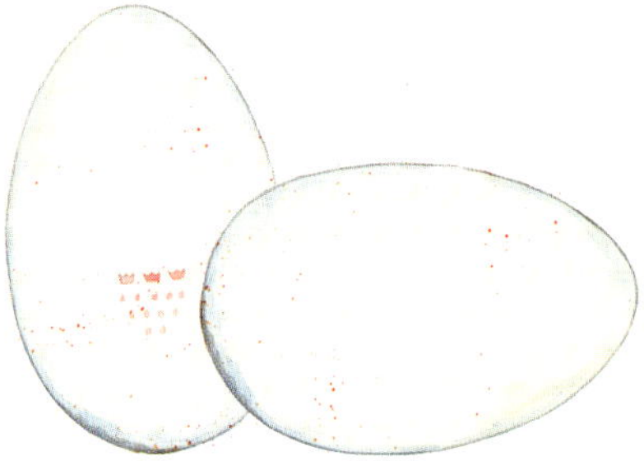

2 Scheiben Landbrot, Butter oder Margarine zum Bestreichen, Fett zum Braten, 4 Eier, Salz, Pfeffer aus der Mühle, 4 Scheiben gekochter Hinterschinken, etwas Schnittlauch, 4 Essiggürkchen

Die Brote mit Butter oder Magarine bestreichen, mit den Schinkenscheiben belegen und auf den Tellern anrichten. 4 Spiegeleier braten, mit Salz und Pfeffer würzen und auf die Brote legen. Mit Schnittlauch bestreuen und mit den Gürkchen garnieren.

Speckpannekoche

Speckpfannkuchen

200 g Weizenmehl, ¼ Liter Milch, 1 Esslöffel Öl, 200 g durchwachsener Speck, 4 Eier, Salz, Pfeffer, Schnittlauch, Butterschmalz zum Braten

Die Eier mit Milch und Mehl schaumig schlagen, Öl unterrühren, mit Salz und Pfeffer würzen, Schnittlauchröllchen zugeben. Den gewürfelten Speck in Butterschmalz in der Pfanne anbraten und den Teig darüber gießen. Pfannkuchen von beiden Seiten goldbraun backen.

Rievkoche met Appelkumpott

Reibekuchen mit Apfelkompott

für 4 Personen

1,5 kg Kartoffeln, 2 dicke Zwiebeln, 2 Eier, Salz, Pfeffer, Muskat, Fett zum Ausbacken

Kartoffeln und Zwiebeln schälen und reiben, Eier dazugeben. Die Kartoffel-Zwiebelmasse mit Salz und Pfeffer pikant abschmecken. Den Teig löffelweise in die Pfanne geben (vorher gut abtropfen lassen) und in heißem Fett kleine Küchlein von beiden Seiten goldgelb und knusprig ausbacken. Heiß servieren.

Apfelkompott:

750 g säuerliche Äpfel, 100 g feinster Zucker, 100 ml Wasser, ½ Zitrone

Äpfel schälen, entkernen und in Scheiben schneiden, mit Wasser und Zucker etwa 10 Minuten einkochen. Den Saft der Zitrone dazugeben. Die Apfelmasse durch ein Sieb streichen und abkühlen lassen.

Zu den Reibekuchen kann man auch Räucherlachsscheiben servieren.

Hirring met Quallmänner

Hering mit Pellkartoffeln

für 6 Personen

12 Matjesfilets, 3 Zwiebeln, ½ Liter Buttermilch, 2 Gewürzgurken, 2 säuerliche Äpfel,
¼ Liter saure Sahne, ¼ Liter süße Sahne, 10 Pfefferkörner, 10 Senfkörner, 1 Lorbeerblatt

Die Matjesfilets über Nacht in der Buttermilch marinieren. Zwiebeln, Äpfel und Gürkchen sehr klein würfeln und mit den Gewürzen mischen. In einem Steinguttopf die Heringsfilets abwechselnd mit den Zutaten schichten. Saure Sahne mit süßer Sahne verrühren und über den Hering geben, so dass alles bedeckt ist. 2 bis 3 Tage im Kühlschrank ziehen lassen.
Man kann anstatt der Matjesfilets auch Salzheringe verwenden, die aber zunächst 12 Stunden gewässert werden müssen.

Pellkartoffeln

1 kg mittelgroße festkochende Kartoffeln, Wasser, Salz

Kartoffeln gut waschen und mit der Schale in reichlich Salzwasser ca. 20 Minuten kochen.
Eingelegte Heringe mit den heißen Quallmännern (Pellkartoffeln) und einem kalten Kölsch servieren.

Hämmche met sore Kappes un Ädäppelpüree

Hämmchen mit Sauerkraut und Püree

für 4 Personen

4 gepökelte Schweinshaxen, 500 g Sauerkraut, 1 kg Kartoffeln, 2 Zwiebeln, 40 g Schmalz, ½ Liter Fleischbrühe, je 2 Wacholderbeeren, Lorbeerblätter, Nelken, 40 g Butter, ¼ Liter Milch, Salz, Pfeffer, 2 Teelöffel Zucker

Die Schweinshaxen in ungesalzenem Wasser ca. 1 ½ Stunden langsam garen. Zwiebeln in Schmalz auslassen, Sauerkraut darin anschwitzen, mit Brühe ablöschen, Wacholderbeeren, Lorbeerblätter und Nelken in ein Teeei füllen und zum Sauerkraut geben. Bei geringer Hitze ca. 20 Minuten garen lassen, Teeei herausnehmen und das Kraut mit Salz, Pfeffer und Zucker abschmecken. Währenddessen die Kartoffeln in Salzwasser gar kochen, das Wasser abschütten, Butter und Milch zugeben und die Kartoffeln mit dem Mixstab pürieren. Die gekochten Schweinshaxen auf Sauerkraut und Püree anrichten und servieren. Dazu Senf reichen.

Nach diesem Essen empfiehlt sich "ne Klore" (Klarer Schnaps), um den Magen wieder in Fassung zu bringen.

Himmel un Äd met Blotwoosch

Himmel und Erde

für 4 Personen

1 kg Kartoffeln, 1 kg säuerliche Äpfel, 100 g Zucker, 100 ml Wasser, 1 Ring Blutwurst, 100 g fetter Speck, 3 Zwiebeln, Butter, Mehl, Salz

Kartoffeln schälen, in Würfel schneiden, in Salzwasser gar kochen. Äpfel schälen und würfeln, in einem Topf mit Zucker und Wasser etwa 10 Minuten einkochen. Kartoffeln und Apfelmasse mischen und verrühren, mit Salz abschmecken. Den gewürfelten Speck und die in Scheiben geschnittenen Zwiebeln in einer Pfanne bräunen. Blutwurst in dicke Scheiben schneiden, in Mehl wenden und in einer Pfanne goldbraun braten. Blutwurst auf das Kartoffel-Apfel-Püree legen, darüber dann die Speck-Zwiebel-Mischung geben.

Das Gericht heißt "Himmel un Äd" (Himmel und Erde), weil die Äpfel im Himmel wachsen und die Kartoffeln in der Erde.

La Peng

Jägermedaillons

für 4 Personen

8 Medaillons vom Schweinefilet, 250 g frische Pfifferlinge, 250 g frische Champignons, 100 g durchwachsener Speck, 2 mittlere Zwiebeln, Butter, Pflanzencreme, 200 ml Brühe, 3 - 4 Gewürzgürkchen, Salz, Pfeffer, Zucker, 1 Esslöffel frische Kräuter oder Kräuter der Provence, 2 Esslöffel Crème Fraîche oder Sahne

Speck und Zwiebeln klein schneiden, würfeln und in Butter kurz anbraten. Die geputzten Pilze hinzugeben, mit Brühe angießen. Klein geschnittene Cornichons und die fein gehackten Kräuter in die Soße geben und mit Salz, Pfeffer und Zucker würzen. Die Soße muss ca. 30 Minuten köcheln, damit sich die Aromen verstärken. Währenddessen die Medaillons waschen, trocknen und von allen Seiten kräftig anbraten und bei geringer Hitze garen. Zum Schluss das Fleisch mit Salz und Pfeffer würzen. Die Soße dann mit der Crème Fraîche oder wahlweise mit Sahne binden und mit dem Fleisch auf den vorgewärmten Tellern anrichten. Als Beilage eignen sich frisches Gemüse und handgemachte

Pommes Frites: Kartoffeln schälen und vierteln, die Kartoffeln ca. 8 Minuten bei 170 Grad frittieren, herausnehmen und vor dem Servieren noch einmal kurz frittieren und anschließend salzen.

Brode vun dä Weldsau

Wildschweinbraten

für 4 Personen

1 kg Wildschweinbraten, 1 Liter Buttermilch, 2 Wacholderbeeren, 1 Lorbeerblatt, 6 Pfefferkörner, Salz, Pfeffer, Fett zum Braten, Butter, 3 Zwiebeln, ¼ Liter Rotwein, 3 Esslöffel Preiselbeergelee, 200 g frische Pfifferlinge, 100 ml saure Sahne

Fleisch waschen und trocknen. Wacholderbeeren, Lorbeerblatt und Pfefferkörner in die Buttermilch geben, das Fleisch damit übergießen und über Nacht ruhen lassen. Fleisch trocknen, mit Salz und Pfeffer einreiben und im Bräter in heißem Fett rundum anbraten, dann in die Bratenpfanne legen und bei 180 Grad auf mittlerer Schiene in den Backofen schieben. Mit etwas Brühe und dem Rotwein übergießen und unter regelmäßigem Beschöpfen ca. 1 Stunde braten. In den letzten 20 Minuten 2 grob geschnittene Zwiebeln hinzugeben.
Fleisch herausnehmen und warm stellen. Den Bratenfond entfetten und durch ein Sieb geben. Die klein geschnittenen Zwiebeln und den gewürfelten Speck in Butter auslassen, die geputzten Pfifferlinge zugeben und 5 Minuten mitdünsten, leicht salzen. Mit etwas Bratenfond ablöschen und kurz einkochen lassen.
Zum Schluss saure Sahne und Preiselbeergelee in die Soße geben. Das Fleisch in Scheiben schneiden und mit der Soße auf vorgewärmten Tellern anrichten.
Zum Wildschweinbraten passen Kroketten und Rosenkohl.

JEWECKELTES MET RUDE KAPPES

Rouladen mit Rotkohl

für 4 Personen

4 dünne große Rindfleischscheiben, Salz, Pfeffer, Paprika, 1 Esslöffel Senf, 100 g durchwachsener Speck, 4 - 6 Essiggürkchen, 2 Zwiebeln, Fett zum Braten, ½ Liter Brühe, 1 Glas Rotwein, Zucker, 1 - 2 Esslöffel Speisestärke

Rindfleischscheiben waschen, trocken tupfen, mit Salz, Pfeffer und Paprika würzen und mit Senf betreichen. Speck, Zwiebeln und Gürkchen würfeln und vermischen. Je 1 bis 2 Esslöffel dieser Mischung auf die einzelnen Rouladen geben, diese dann einrollen und feststecken. Rouladen in heißem Fett in einem Schmortopf anbraten und mit der Brühe ablöschen. Rotwein und Zucker zugeben und etwa 1 Stunde bei geringer Hitze mit geschlossenem Deckel schmoren. Das Fleisch herausnehmen, verbleibende Soße mit kalt angerührter Speisestärke leicht binden und mit Salz und Pfeffer abschmecken.

Rotkohl:

1 kleiner Kopf Rotkohl, 1 kleine Zwiebel, 2 Lorbeerblätter, 2 Nelken, 3 - 4 Wacholderbeeren, Salz, Pfeffer, 1 Esslöffel Zucker, 200 ml Brühe, 50 g Schmalz

Vom Rotkohl die obersten Blätter entfernen, den Kohl in feine Streifen hobeln und waschen. Zwiebel in Schmalz auslassen und den Rotkohl darin anschwitzen. Lorbeerblätter, Nelken und Wacholderbeeren in einem Teeei zum Rotkohl geben und mit der Brühe ablöschen. Mit Salz und Pfeffer würzen, mit Zucker abschmecken. Den Rotkohl bei geschlossenem Deckel auf kleiner Flamme unter gelegentlichem Umrühren ca. 30 Minuten schmoren.

Dazu reicht man die klassischen Salzkartoffeln.

Sorbrode met Ädäppelklöß

Sauerbraten mit Kartoffelklößen

für 8 Personen

2 kg eingelegter Sauerbraten, Pflanzencreme zum Braten, ca. 1 Liter Brühe, 1 Teelöffel Salz, Pfeffer aus der Mühle, 1 Esslöffel Zucker, 100 g Rosinen, 2 Scheiben Pumpernickel, 2 Nelken, 2 Lorbeerblätter, 2 Wacholderbeeren

In einem großen Bräter das Planzenfett auslassen und das gut abgetrocknete Fleisch anbraten. Mit der heißen Brühe angießen, Salz, Pfeffer, Zucker, Rosinen (1 Esslöffel zurückhalten) und das kleingebröselte Pumpernickel hineingeben. Nelken, Lorbeerblätter und Wacholderbeeren (am besten in einem Teeei) zugeben. Das Fleisch ca. 1 ½ Stunden bei geringer Hitze im geschlossenen Topf gar schmoren. Anschließend das Fleisch herausnehmen und warm stellen. Die Soße durch ein Sieb gießen und mit einem Löffel die im Sieb gebliebenen Zutaten durchdrücken. Die Soße mit einem Esslöffel Rosinen noch einmal aufkochen. Das Fleisch in Scheiben schneiden und vor dem Servieren ca. 20 Minuten in die Soße legen.
Im Backofen bei 100 Grad warmstellen!

Kartoffelklöße:

2 kg Kartoffeln, ca. 100 g Mehl, Salz, 2 Eier

Kartoffeln kochen und abkühlen lassen. Kalte Kartoffeln reiben, mit Mehl, Eiern und Salz zu einem Teig verarbeiten. Klöße formen, mit der Kelle einzeln in kochendes Salzwasser geben, aufkochen und etwa 10 Minuten gar ziehen lassen.

Dazu isst man entweder Apfelkompott (Rezept Seite 22) oder Rotkohl (Rezept Seite 28).

Früher wurde nach der Originalfassung des Rezeptes der echte kölsche Sauerbraten aus Pferdefleisch gemacht, was glücklicherweise aus der Mode geraten ist. Deshalb nimmt man heute Bratenfleisch vom Rind, das mehrere Tage in einem süßsauren Essigsud mariniert wurde, damit das typische Sauerbratenaroma entsteht.

JULASCH

Gulasch

für 6 - 8 Personen oder für 2 Tage

1 kg zartes Rindfleisch (Hüfte),
1 kg Schweinefleisch (Rückenbraten), 1 kg Zwiebeln, Salz,
Pfeffer, Paprika, Fett zum Braten, Butter, 1 Liter Fleischbrühe

Das Fleisch in nicht zu kleine Würfel schneiden, mit Salz, Pfeffer und Paprika würzen und die Stücke in einer Pfanne in heißem Fett einzeln anbraten, damit sich rundum die Poren schließen. Währenddessen die gehackten Zwiebeln in einem großen Topf in wenig Butter auslassen. Angebratenes Fleisch hinzugeben und mit viel Brühe ablöschen. Bei kleiner Flamme ca. 1 Stunde köcheln lassen, evtl. Brühe (oder Rotwein) nachgießen. Die Zwiebeln sollten fast ganz verkochen, so dass die Soße sämig wird. Zum Schluss die Soße eventuell noch einmal mit Salz abschmecken.

Dazu passen z.B. Nudeln und Blattsalat.

Tipp: Man kann auch klein geschnittene Tomaten und Paprikaschoten mit in der Soße schmoren.

Jeschnetzels

Geschnetzeltes

für 4 Personen

1 kg Schweinefilet, 100 g Butter, 2 mittlere Zwiebeln, 5 - 6 Essiggürkchen, 100 ml Brühe, Salz, Pfeffer, 250 g frische Champignons, 1 Tasse Reis, 1 Becher saure Sahne, ca. 1 ½ Liter Milch, Worcester Sauce

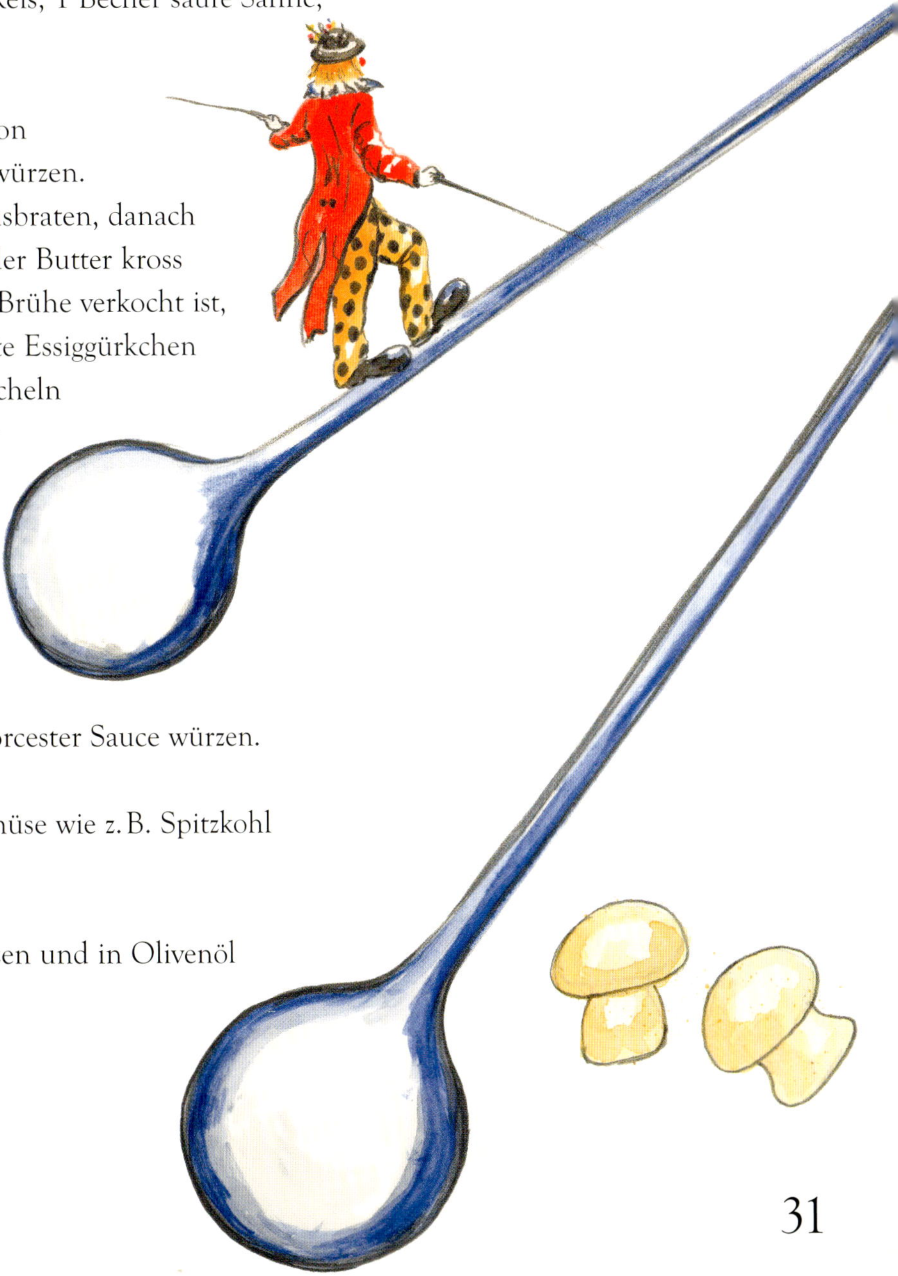

Schweinefilets waschen, trocknen und in Streifen von ca. 1,5 x 5 cm schneiden und mit Salz und Pfeffer würzen. Zwiebeln klein hacken und in der heißen Butter ausbraten, danach die Zwiebeln herausnehmen. Dann das Fleisch in der Butter kross anbraten und mit der Brühe ablöschen. Wenn die Brühe verkocht ist, mit ½ Liter Milch auffüllen und 5 - 6 klein gehackte Essiggürkchen zugeben. Ca. 1 Stunde bei häufigem Umrühren köcheln lassen. (Bitte Vorsicht, das Gericht kann wegen der verwendeten Milch sehr leicht anbrennen!) Jeweils Milch nachgießen, wenn diese verkocht ist. Nach ca. 45 Minuten 1 Tasse Reis und die halbierten Champignons zugeben. Wenn der Reis in der Soße gar ist, das Geschnetzelte noch einmal mit Salz und Pfeffer abschmecken, 1 Becher saure Sahne unterheben und je nach Geschmack mit Worcester Sauce würzen.

Dazu passt körniger Reis und leichtes, frisches Gemüse wie z. B. Spitzkohl oder

gebratener Chicoree:

Chicoree putzen, in der Mitte durchschneiden, salzen und in Olivenöl von jeder Seite 5 Minuten braten.

Als Getränk eignet sich ein leichter Rheinwein.

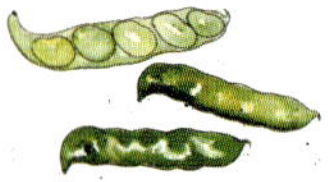

Decke Bunne met Speck

Dicke Bohnen mit Speck

für 4 Personen

1 kg Dicke Bohnen, 500 g geräucherter Speck, 1 Bund Bohnenkraut, 1 Bund Petersilie, 2 Zwiebeln, 50 g Butter, 1 Esslöffel Mehl, 2 Esslöffel Sahne, Salz, Pfeffer

Die Bohnen im Salzwasser nicht zu weich kochen. Den Speck in ungesalzenem Wasser garen und den Sud auffangen. Die klein geschnittenen Zwiebeln in Butter auslassen, mit Mehl bestäuben und mit dem Sud ablöschen, mit Salz und Pfeffer würzen. Klein gehacktes Bohnenkraut und die Petersilie hinzugeben. Die Soße kurz aufkochen und mit der Sahne verfeinern. Die Bohnen in die Soße geben und mit dem in Scheiben geschnittenen Speck servieren.

Frikadellcher vum Jrill

Frikadellen vom Holzkohlengrill und Kartoffelspießchen

für 4 Personen

1 kg gemischtes Hackfleisch, 250 g Semmelbrösel, 2 Eier, 2 Zwiebeln oder 1 Gemüsezwiebel, Salz, Pfeffer, Paprika, 2 Esslöffel frische Kräuter (Petersilie, Schnittlauch, Rosmarin, Majoran, Thymian, o. Ä.)

Hackfleisch in einer geräumigen Schüssel mit den sehr klein geschnittenen Zwiebeln, Eiern und Semmelbröseln vermischen, mit Salz, Pfeffer und Paprika kräftig würzen und zum Schluss die gehackten Kräuter darunter mischen. Frikadellen formen und mit wenig Olivenöl bestreichen. Auf dem Holzkohlengrill von jeder Seite ca. 8 Minuten braten, dabei mehrmals wenden. **Tipp:** Die Frikadellen 1 Minute vor Ende der Garzeit mit grünem Pesto (Seite 11) bestreichen und noch einmal wenden. Das verfeinert den Geschmack.

Für die Kartoffelspieße:

1 kg kleine Kartoffeln (Brätlinge), Holzspieße, Olivenöl, Salz

Die Brätlinge mit Schale kochen, abkühlen lassen, halbieren und auf die Holzspieße stecken. Vor dem Grillen leicht salzen und mit Olivenöl bestreichen. Auf den Grill legen und von jeder Seite 5 Minuten krossen lassen.

Brüsje vum Entche en Sößer Zaus

Entenbrust in süßer Honigsoße

für 4 Personen

4 Entenbrustfilets (Flugente), 2 Esslöffel bayrischer süßer Senf, 4 Esslöffel flüssiger Honig, Salz, Pfeffer, Zucker, 250 ml Brühe, 2 Mandarinen, 2 cl Orangenlikör, 400 g Reis (Parboiled Reis), 1 Esslöffel Mandelblättchen

Entenbrustfilets häuten, waschen, trocken tupfen und jedes Filet in 3 Medaillons schneiden. 3 Esslöffel Honig mit dem süßen Senf, etwas Salz, Pfeffer und Zucker verrühren. Das Fleisch darin 30 Minuten marinieren.

Für die Soße 250 ml Brühe in den Topf geben. Mandarinen auspressen und den Saft hineinrühren, mit Salz und Pfeffer würzen, ein kleines Glas Orangenlikör und 1 Esslöffel Honig zugeben. Die Soße 30 Minuten köcheln lassen.

Den Reis körnig kochen. Währenddessen die Mandelblättchen in einer beschichteten Pfanne in wenig Butter anrösten und unter den gekochten Reis mischen. Der Reis kann im Backofen bei 80 bis 100 Grad sehr gut warm gehalten werden. (Bitte vor dem Servieren noch einmal auflockern.)

Das Fleisch aus der Marinade nehmen, nicht abwaschen und in Butter oder Pflanzencreme anbraten. Dann die Hitze wegnehmen und das auf jeder Seite etwa drei Minuten braten. Machen sie den Fingertest: Das Fleisch ist innen zartrosa, wenn es dem Druck leicht nachgibt. Die Delle kommt zurück.

Reis mit Fleisch und Soße auf vorgewärmten Tellern dekorieren. Dazu passt als Beilage Rosenkohl und als Getränk ein kräftiger Rotwein.

Jänsebrode für dä hellije Mätes

Gänsebraten mit glasierten Maronen

für 6 Personen

1 bratfertige Frühmastgans (Gewicht ca. 4 kg), Salz, Pfeffer, Zucker,
500 g säuerliche Äpfel, 40 g Butter, 40 g Rosinen, 40 g Korinthen, 6 Esslöffel Preiselbeeren (Glas),
2 Gläser milder Rotwein, 200 g Maronen, ¼ Liter Brühe, Zucker

Die Gans kalt abspülen, innen und außen trocknen, mit Salz und Pfeffer einreiben. Äpfel waschen, schälen und vierteln, in einer beschichteten Pfanne mit etwas Butter zwei Minuten dünsten. Rosinen und Korinthen mit kochendem Wasser überbrühen, abtropfen lassen und mit den Äpfeln mischen. Die Gans mit der Mischung füllen und mit Zwirn zunähen, dann mit der Brust nach unten in einen geräumigen Gussbräter legen, mit der heißen Brühe übergießen und bei 200 Grad in den vorgeheizten Backofen schieben. Die Bratzeit beträgt 3 Stunden. Die Gans häufig mit dem Bratfond begießen und nach der Hälfte der Garzeit drehen. Bitte unbedingt eine Bratzeit von 3 Stunden einhalten, auch wenn die Gans vorher schon fertig aussieht. Sie ist es noch nicht! In den letzten 15 Minuten die Gans nicht mehr begießen, damit die Haut kross wird. Die Gans aus dem Ofen nehmen. Den Bratfond entfetten und durch ein Sieb geben. Preiselbeeren und Rotwein in einem Topf mit etwas Zucker einkochen und den Bratfond hineinrühren, mit Salz und Pfeffer abschmecken, evtl. mit etwas Speisestärke binden.

Für die Maronen:

200 g Maronen, 1 Esslöffel Zucker, 40 g Butter, 200 ml Brühe
Die Maronen kreuzweise einschneiden und 15 Minuten in sprudelndem Wasser kochen, bis sich Schale und Haut lösen. Die Maronen abkühlen lassen und schälen. In einem Topf 1 Esslöffel Zucker und 40 g Butter goldgelb rösten, Maronen hineingeben, mit 200 ml Fleischbrühe begießen und 15 Minuten garen, dann herausnehmen und warm stellen. Die Brühe stark einkochen, bis sie andickt. Maronen wieder hineingeben.

Die Gans mit den glasierten Maronen anrichten, mit etwas Preiselbeersoße übergießen und mit Rotkohl (Seite 28) und Klößen (Seite 29) servieren.

Hackbrode un Murre

Hackbraten mit Möhrengemüse

für 4 Personen

1 kg gemischtes Hack, 2 Eier, 2 Zwiebeln, 200 g Semmelbrösel, Salz, Pfeffer, Paprika

Hackfleisch in eine große Schüssel geben, Eier, klein geschnittene Zwiebeln und Semmelbrösel dazu geben und vermischen. Mit Salz, Pfeffer und Paprika kräftig würzen. Zu einem Braten formen und in einer gefetteten Auflaufform bei 190 Grad auf mittlerer Schiene ca. 45 Minuten backen.

Dazu passen Bratkartoffeln (Rezept Seite 19) und

Möhrengemüse:

1 Bund junge Möhren, Wasser zum Kochen, Salz, 100 g Butter

Möhren putzen, waschen und in 1 cm dicke Scheiben schneiden, dann in Salzwasser 8 bis 10 Minuten kochen, bis sie bissfest sind. Die Möhren herausnehmen, salzen und mit zerlassener Butter übergießen.

Höhnerrajout

Hühnerragout

für 4 Personen

1 großes Suppenhuhn, 2 Liter Wasser, Salz, 1 Möhre, ½ Sellerie, 1 Stange Porree, 1 mittelgroße Zwiebel, 100 g Butter, 250 g frische Champignons, 2 Esslöffel Mehl, Salz, Pfeffer, 1 Glas Weißwein, Saft einer halben Zitrone, 1 Esslöffel Zucker

Wasser mit Salz und klein geschnittenem Gemüse zum Kochen bringen, Suppenhuhn hineingeben und bei geringer Hitze etwa 1 Stunde köcheln lassen. Das Huhn ist gar, wenn sich das Fleisch leicht vom Knochen löst. Das Huhn herausnehmen und zerlegen, das Fleisch in nicht zu kleine Würfel schneiden. Für die Soße die klein geschnittene Zwiebel in Butter glasig dünsten, mit Mehl bestäuben und mit ¼ Liter Hühnerbrühe ablöschen. Die Soße salzen und pfeffern, die geviertelten Champignons, Weißwein, Zucker und Zitrone zugeben. Die Soße 5 Minuten köcheln lassen, dann das Hühnerfleisch vorsichtig darunter heben, damit es nicht zerfällt.

Zum Ragout passen körniger Reis und Gemüse aus frischem Wirsing.

Die Hühnerbrühe kann man portionsweise einfrieren und nach Bedarf als Fond für weitere Soßen verwenden.

Kölsche Pizza

Blätterteigpizza

für 4 Personen

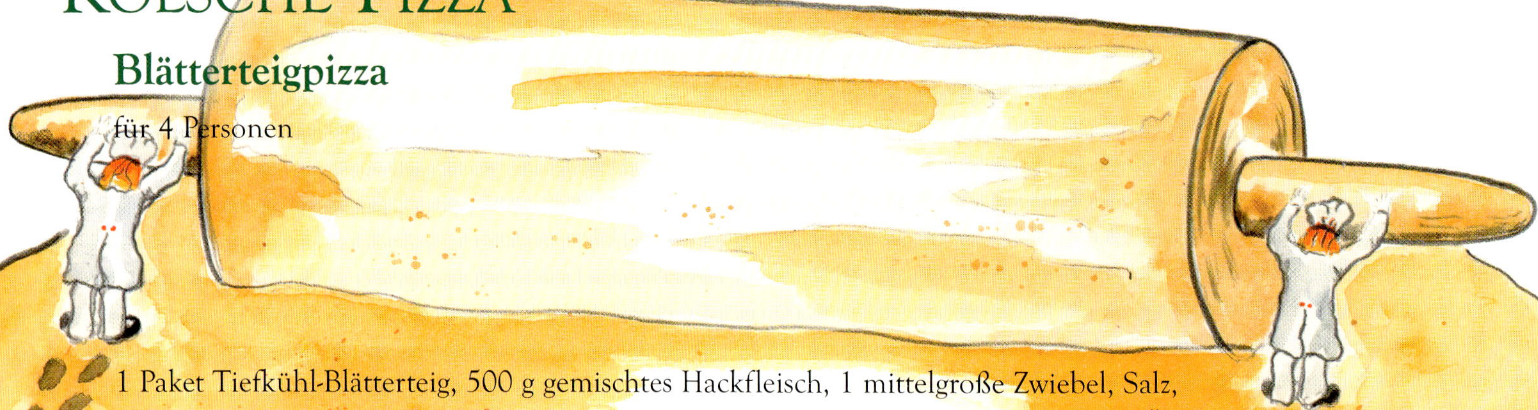

1 Paket Tiefkühl-Blätterteig, 500 g gemischtes Hackfleisch, 1 mittelgroße Zwiebel, Salz, Pfeffer, Paprika, Oregano und Thymian, 6 Fleischtomaten, 1 Dose Thunfisch ohne Öl, 200 g frische Champignons, 100 g geriebener Käse zum Überbacken

Den Blätterteig auftauen lassen. Die Platten dann aufeinander legen und auf einer bemehlten Unterlage mit einem bemehlten Nudelholz sehr dünn auf Backblechgröße ausrollen. Den Teig dann auf ein kalt abgespültes Backblech legen und ruhen lassen, bis der Belag vorbereitet ist.

Das Hackfleisch mit der klein geschnittenen Zwiebel krümelig braten, mit Salz, Pfeffer und Paprika würzen. Fett und Flüssigkeit abschütten. Hackfleisch abkühlen lassen.

Währenddessen die Tomaten waschen und in Scheiben schneiden, Thunfisch abtropfen lassen. Champignons putzen und in Scheiben schneiden.

Den Teig zunächst mit Hackfleisch belegen, darüber den abgetropften Thunfisch krümeln und dann mit den Champignonscheiben belegen. Darauf die in Scheiben geschnittenen Tomaten verteilen. Die Tomaten leicht salzen und mit Thymian und Oregano bestreuen. Zum Schluss den Käse darüber streuen.
Die überstehenden Blätterteigränder hochklappen und die Pizza in den vorgeheizten Backofen schieben. Bei 200 Grad auf mittlerer Schiene ca. 45 Minuten backen.

Die Pizza ist fertig, wenn der Boden durchgebacken ist. (Bitte eine Gabelprobe machen!) Wenn der Boden noch zu weich ist, weil z. B. die Tomaten viel Saft abgegeben haben, kann man die Pizza bei geringerer Hitze (150 Grad) noch etwas länger backen.

Zur Pizza passt leichter italienischer Rotwein.

Muschele in Tomatenzaus

Muscheln in Tomatensoße

für 6 Personen

1,5 kg Miesmuscheln, 1 kg Tomaten, 1 große Zwiebel, 3 Knoblauchzehen, Salz, Pfeffer, 2 Esslöffel frische Kräuter aus dem Garten (Thymian, Lavendel, Rosmarin, etc.), 200 ml Brühe, 100 ml Rotwein, 1 Esslöffel Zucker, 1 Teelöffel Balsamico-Essig, 1 kg Spaghetti, frisch geriebener Parmesankäse

Muscheln unter fließendem Wasser gut säubern. Tomaten waschen, überbrühen, kalt abschrecken und häuten, dann in kleine Stücke schneiden. (Man kann auch 2 Dosen stückige Tomaten verwenden.) Zwiebeln klein schneiden, Knoblauchzehen in hauchdünne Scheiben schneiden. (Knoblauchzehen nicht pressen; der Geschmack wird dann zu intensiv.) In einem großen Topf die klein geschnittene Zwiebel in Olivenöl auslassen, Tomaten und Knoblauch zugeben, mit Brühe und Rotwein ablöschen, mit Salz und Pfeffer würzen. 2 Esslöffel klein gehackte Gartenkräuter (alternativ: Kräuter der Provence), 1 Esslöffel Zucker und einen Teelöffel Balsamico-Essig zugeben und die Soße etwa 20 Minuten köcheln lassen. Dann die vorbereiteten Muscheln hineingeben und bei geschlossenem Topf 8 Minuten ziehen lassen. Gelegentlich vorsichtig umrühren. Währenddessen die Spaghetti bissfest kochen, abschütten und auf große tiefe Teller verteilen. Die Soße mit den Muscheln auf den Spaghetti anrichten. Nach Belieben mit frisch geriebenem Parmesankäse bestreuen.

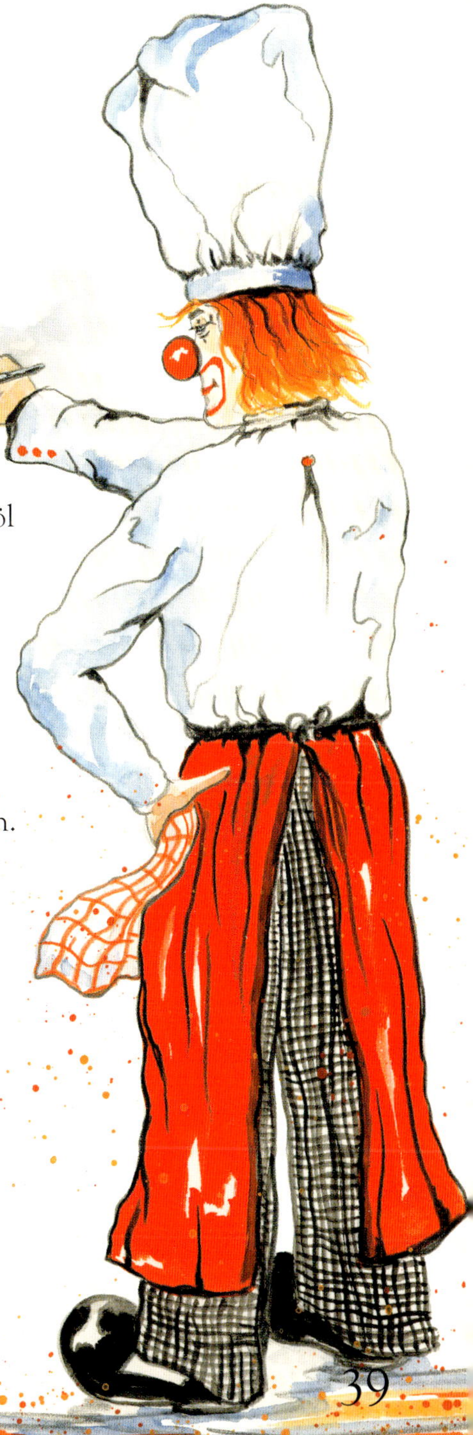

Nudele op Kölsche Art

Verschiedene Nudelsoßen

jeweils für 4 - 6 Personen

Hackfleischsoße: 500 g gemischtes Hackfleisch, 5 - 6 Frühlingszwiebeln, 50 g Speck, 2 Dosen stückige Tomaten, Salz, Pfeffer, Paprika, Zucker, 3 Knoblauchzehen, 2 Esslöffel frische italienische Kräuter oder Kräuter der Provence, Olivenöl, 1 Glas milder Rotwein, 2 Esslöffel Crème légère

Hackfleisch mit dem gewürfelten Speck in Olivenöl kross anbraten, klein geschnittene Zwiebeln zugeben und mitbraten, mit Salz, Pfeffer und Paprika würzen, mit Rotwein und Brühe ablöschen. Stückige Tomaten (natürlich kann man auch abgezogene und gewürfelte frische Tomaten verwenden) und den sehr klein gehackten (nicht gepressten) frischen Knoblauch zugeben. Die Kräuter hinzufügen. Die Soße dann unter häufigem Umrühren ca. 45 Minuten auf kleiner Flamme reduzieren, zwischendurch eventuell mit etwas Brühe auffüllen. Zum Schluss noch etwas Rotwein angießen und die Soße mit 2 Esslöffeln Crème légère oder Sahne binden.

Pilzsoße: 250 g frische kleine Champignons, 250 g frische Pfifferlinge, 50 g Butter, 5 Frühlingszwiebeln, Salz, Pfeffer, Zucker, 200 ml Brühe zum Ablöschen, frische Kräuter, 1 halbe Zitrone, 200 ml Sahne

Die Pilze säubern und in der Butter andünsten, salzen, pfeffern. Klein geschnittene Frühlingszwiebeln dazugeben, kurz mitdünsten und mit der Brühe ablöschen. Klein gehackte Kräuter (Petersilie, Schnittlauch, Rosmarin, Thymian, etc.) und 1 Esslöffel Zucker zugeben. Die Soße ca. 30 Minuten köcheln lassen, bis sie selbständig andickt. Die Zitrone auspressen und den Saft in die Soße träufeln. Zum Schluss die Sahne hineinrühren. Wer es eilig hat, kann die Soße auch mit kalt angerührter Speisestärke binden.

Tomatensoße mit Zucchini

250 g kleine Zucchini, 250 g Tomaten, 5 Esslöffel Olivenöl, 200 ml Brühe, 5 Frühlingszwiebeln, Salz, Pfeffer, Zucker, frische Kräuter

Zucchini waschen und klein schneiden. Frühlinszwiebeln auf 2 cm lange Streifen schneiden. Tomaten mit heißem Wasser überbrühen, die Haut abziehen und vierteln. Zucchini mit den Frühlingszwiebeln in Olivenöl anbraten, Tomaten zugeben, mit Salz und Pfeffer würzen und mit Brühe ablöschen. Die klein gehackten Kräuter und 1 Esslöffel Zucker zugeben. 15 Minuten köcheln lassen.

Nudeln: Die Auswahl der Nudeln zu den oben beschriebenen Soßen ist sehr vielfältig. Von Penne bis Spaghetti ist je nach Geschmack alles möglich. Besonders gut sind natürlich frische Nudeln, die man auch ohne Schwierigkeiten selbst herstellen kann. Es ist nur etwas zeitaufwändig: 500 g Mehl, Mehl zum Ausrollen, 125 ml Wasser, 2 Eier, 2 Esslöffel Olivenöl, 1 Teelöffel Salz

Mehl mit den Zutaten verrühren und kneten bis ein weicher und geschmeidiger Teig entsteht. Den Teig mit Mehl bestäuben und zugedeckt bei Zimmertemperatur 20 Minuten ruhen lassen. Danach den Teig auf einer bemehlten Fläche hauchdünn ausrollen. Dann entweder durch eine Nudelmaschine drehen oder von Hand in dünne Streifen schneiden. Wenn man Kreise aussticht, kann man daraus auch kleine Tortellini formen. Frisch hergestellte Nudeln haben kurze Garzeiten.
Sie werden in reichlich Salzwasser nur etwa 6 - 8 Minuten gekocht.

Fesch em Jemös

Gedünsteter Fisch auf Gemüse

für 4 Personen

500 g Seezungenfilet (oder auch anderer weißer Fisch), 3 Esslöffel Olivenöl, 2 Zucchini, 1 rote und 1 gelbe Paprikaschote, 1 Bund Lauchzwiebeln, 3 Fleischtomaten, 1 Tasse Brühe, Salz, Pfeffer, Paprika, Zucker, 1 Esslöffel frische Kräuter aus dem Garten, 1 Zitrone

Das Gemüse putzen und klein schneiden. Die Tomaten mit heißem Wasser überbrühen, abziehen und achteln. Das Gemüse in einer großen Pfanne in Olivenöl anbraten, mit Salz, Pfeffer und Paprika würzen, mit Brühe angießen, 1 Teelöffel Zucker zugeben. Den Fisch waschen, mit Zitrone beträufeln, salzen und auf das Gemüse legen. Die Kräuter darüber streuen. Bei geschlossenem Deckel den Fisch auf dem Gemüse etwa 10 Minuten dünsten. Das Gericht in der Pfanne servieren und dazu warmes Weißbrot reichen.

Wenn man den Tomatenanteil erhöht ergibt sich aus dem Dünstgemüse mehr Soße, was hervorragend mit Bandnudeln oder Reis harmonisiert.

Lachs us em Ovve

Lachs aus dem Backofen

für 4 Personen

4 Scheiben frisches Wildlachsfilet, Salz, Zitrone, 400 ml Sahne (alternativ Crème fraîche oder Crème légère), 2 Teelöffel Krustentierpaste, 2 cl. Cognac oder Weinbrand

Lachs waschen, mit Zitrone beträufeln und salzen. In eine gefettete Auflaufform setzen. Sahne mit Krustentierpaste und Cognac verrühren und über den Lachs geben. Im Backofen bei 180 Grad etwa 30 bis 40 Minuten garen.

Dazu passt
Blattspinat:
1,5 kg frischer Blattspinat, 1 Liter Brühe, Salz, Pfeffer, 1 Zwiebel, 2 Knoblauchzehen, Butter

Spinat sorgfältig verlesen, grob zerkleinern und mehrmals waschen. In kochender Brühe 2 Minuten blanchieren, dann abtropfen lassen und ausdrücken. Zwiebel und Knoblauchzehen sehr klein schneiden und in ausgelassener Butter glasig dünsten. Den Spinat leicht salzen und pfeffern, dann kurz in der Knoblauchbutter schwenken.

WÄFFELCHER

Waffeln

für 4 Personen

150 g Butter, 125 g Zucker, 1 Päckchen Vanillezucker, 3 Eier, abgeriebene Schale einer halben Zitrone, 150 g Mehl, Puderzucker, 1 Glas Sauerkirschen oder Schattenmorellen, 1 Gläschen Rum, 2 Esslöffel Speisestärke, Mandelblättchen zum Bestreuen

Sauerkirschen im eigenen Saft aufkochen, Rum zugeben und etwa 2 Minuten köcheln lassen, dann mit etwas kalt angerührter Speisestärke binden. Kirschen im Backofen warm halten. Butter schaumig rühren, nach und nach Zucker, Vanillezucker, Eier, Zitronenschale und Mehl hineinrühren. Ist der Teig zu zäh, etwas Mineralwasser oder Milch zugeben. Teig portionsweise im Waffeleisen goldgelb ausbacken und mit Puderzucker bestäuben. Kirschen über die Waffeln geben und mit Mandelblättchen bestreuen.

Appelköjelcher

Apfelküchlein

für 4 Personen

250 g Mehl, ¼ Liter Milch, 2 Eier, 2 Esslöffel Zucker,
1 Prise Salz, 1 Teelöffel Backpulver, 1 Päckchen Vanillezucker,
2 säuerliche Äpfel, Zucker zum Bestreuen

Mehl in eine Schüssel geben, Milch, Eier und die weiteren Zutaten zugeben und mit dem Rührstab verquirlen. Äpfel schälen, entkernen und in kleine Stücke schneiden. Apfelstückchen in den Teig geben. In einer beschichteten Pfanne reichlich Öl heiß werden lassen. Mit einem Löffel den Teig portionsweise in die Pfanne setzen und kleine Küchlein goldgelb ausbacken.
Noch warm mit Zucker betreuen.

Dazu schmeckt auch Vanilleeis und /oder Sahne.

Vanilleeis met Rebellenblot

Vanilleeis mit Rebellenblut

für 6 Personen

500 ml Eis, 300 g rote Beeren (gefroren), 300 ml Brombeerwein (Rebellenblut), 2 Esslöffel Zucker, Schokostreusel und gehackte Pistazien zum Dekorieren

Die Beeren unaufgetaut mit dem Brombeerwein in einen Topf geben und unter Rühren zum Kochen bringen. Zucker dazugeben und so lange unter ständigem Rühren etwa 20 Minuten bei kleiner Flamme einkochen, bis eine dickliche Soße entsteht. Bitte nicht anbrennen lassen! Das Eis auf gekühlten Tellern mit der Soße anrichten. Mit Schokostreuseln und gehackten Pistazien dekorieren.

Jekochte Sahne met Karamellzaus

Panna Cotta mit Karamellsoße

für 6 Portionen

500 g Sahne, 1 Vanilleschote, 50 g Zucker, 2 Blatt weiße Gelatine, 2 cl Marsala
für die Soße: 100 g Zucker, 5 Esslöffel Wasser

Gelatine in kaltem Wasser einweichen. Sahne in einen Topf geben. Vanilleschote seitlich aufschlitzen, Mark herauskratzen und mit der Schote in die Sahne geben. Zucker hinzufügen und langsam erhitzen. Ca. 15 Minuten unter ständigem Rühren leicht kochen lassen. Den Topf von der Kochstelle nehmen, Vanilleschote herausnehmen. Gelatineblätter nass in den Topf geben und unter Rühren vollständig auflösen. Gekochte Sahne in 6 kleine kalt ausgespülte Förmchen füllen (evtl. Espressotassen) und im Kühlschrank fest werden lassen. Die Kühlzeit beträgt etwa 4 Stunden. Dann die Creme auf Dessertteller stürzen.
Für die Karamellsoße den Zucker mit 5 Esslöffeln Wasser unter Rühren aufkochen bis er völlig aufgelöst ist. Hitze reduzieren und weiter köcheln lassen, bis das Wasser zur Hälfte verdampft ist und die Flüssigkeit eine leicht bräunliche Farbe annimmt. Der Karamell darf nicht zu dunkel werden, damit er nicht bitter wird. Die noch warme Karamellsoße löffelweise über die Sahnecreme geben.

Tiramisu

für 6 Personen

500 g Mascarpone, 4 Eigelb, 4 Esslöffel Zucker, abgeriebene Schale einer halben Zitrone, 200 g Löffelbiskuits, 2 Tassen starker Kaffee oder Espresso, 4 cl Amaretto oder Weinbrand, ungesüßtes Kakaopulver zum Bestreuen

Die Eigelbe mit dem Zucker in eine Schüssel geben und mit dem Handrührgerät auf höchster Stufe schaumig schlagen. Löffelweise den Mascarpone unterziehen. Mit der Zitronenschale würzen. Kaffee und Amaretto mischen. Den Boden einer flachen Form mit der Hälfte der Löffelbiskuits auslegen. Die Biskuits gut mit der Kaffee-Amaretto-Mischung tränken. Die Hälfte der Mascarponecreme darüber geben und glatt streichen. Die übrigen Biskuits auflegen und wiederum gut tränken. Dann die restliche Mascarponecreme darauf verteilen und glatt streichen. Zugedeckt im Kühlschrank etwa 5 Stunden kalt stellen. Vor dem Servieren dick mit ungesüßtem Kakaopulver bestreuen.

ERDBEERKÖJELCHER

Kleine Erdbeerkuchen

150 g Butter, 125 g Weizenmehl, 130 g Haferflocken,
85 g Zucker, 2 Esslöffel Sahne

für den Belag: 250 g Erdbeeren, 100 g Magerquark, 100 g Sahne,
Sahnesteif, 1 Päckchen Vanillezucker, gehackte Pistazien zum Bestreuen

Die oberen Zutaten mischen und zu einem festen Teig verarbeiten.
Im Kühlschrank mindestens 1 Stunde ruhen lassen.
Arbeitsfläche mit Haferflocken ausstreuen. Den Teig darauf ca. 5 mm dick ausrollen und mit einer Form Herzen oder Kreise (ca. 8 cm Durchmesser) ausstechen. Die Plätzchen auf ein mit Backpapier ausgelegtes Blech setzen und bei 180 Grad etwa 10 Minuten auf mittlerer Schiene backen.
Die Erdbeeren waschen und halbieren. Sahne mit Sahnesteif schlagen. Quark mit Vanillezucker verrühren und mit der Sahne vermischen. Die kleinen Kuchen mit der Quarkcreme bestreichen und die Erdbeerhälften darin einbetten. Mit gehackten Pistazien garnieren.

KRÜMELTAAT

Krümeltorte

Diese Torte wird nicht gebacken; sie muss aber eine Nacht in den Kühlschrank.

150 g Butterkekse und Mandelkekse, 200 g weiße Kuvertüre, 400 g Doppelrahmfrischkäse, 500 g Magerquark, 2 Esslöffel flüssiger Honig, 3 Esslöffel Zucker, 1 Päckchen Orangenaroma, 1 Päckchen Vanillezucker, 2 cl Cointreau, 4 Blatt Gelatine

Eine Springform mit Backpapier auslegen. Kekse mischen und in einer Plastiktüte zerbröseln. (Das geht am besten mit einem Nudelholz.) Weiße Kuvertüre im Wasserbad schmelzen und mit den Keksbröseln vermischen. Den Boden einer Springform damit auslegen, fest andrücken und die Form kalt stellen. Den Frischkäse mit Magerquark und Honig mit einem Quirl verrühren. Zucker, Zitronenaroma, Vanillezucker und Cointreau dazugeben. Gelatine in kaltem Wasser auflösen und mit 3 Esslöffeln der Käse-Quark-Mischung verrühren, dann die restliche Masse unterheben. Die Käse-Quark-Mischung auf dem Tortenboden verteilen und über Nacht im Kühlschrank fest werden lassen.

Rhingwelle

Rheinwellen

250 g Butter, 250 g Zucker, 350 g Mehl, 4 bis 5 Eier (je nach Größe), 1 Päckchen Vanillezucker, Salz, 2 Teelöffel Backpulver, 2 Esslöffel Kakao, 1 Glas Sauerkirschen, 1 Päckchen Schokoraspel, 250 g Butter, 1 Päckchen Vanillepudding, 500 ml Milch

Eier, Zucker und Vanillezucker mit der Butter schaumig rühren, 1 Prise Salz zugeben, Mehl und Backpulver darüber sieben und zu einem festen Teig verarbeiten. Eventuell einen Schuss Milch dazu geben (lässt sich dann leichter verarbeiten). Ein Backblech mit Backpapier auslegen und die Hälfte des Teigs darauf verteilen. Die Kirschen gut abtropfen lassen und auf den Teig geben. Die andere Hälfte des Teigs mit 2 Esslöffeln Kakao verrühren und gleichmäßig darüber verteilen. Bei 190 g auf mittlerer Schiene ca. 20 Minuten backen. Abkühlen lassen. Pudding kochen; die warme Butter schaumig rühren. Den Pudding löffelweise in die Butter geben. Die Masse dann auf den kalten Kuchen streichen und mit Schokoraspeln bestreuen. Am besten eine Nacht im Kühlschrank durchziehen lassen.

VANILLEPLÄTZJER

Vanillekipferl

250 g Mehl, 100 g gemahlene Haselnüsse, 65 g Puderzucker, 1 Päckchen Vanillezucker, 200 g Butter

Das Mehl sieben. Nüsse, Puderzucker, Vanillezucker und die weiche Butter hineingeben und zu einem festen Teig verkneten. Daraus kleine Kipferl formen und bei mittlerer Hitze (ca. 180 Grad) auf einem mit Backpapier ausgelegten Backblech 15 bis 20 Minuten backen. Nach dem Abkühlen die Plätzchen mit gesiebtem Puderzucker bestreuen.

SANDFLECKCHE

Heidesand

200 g Butter, 80 g Puderzucker, 50 g Marzipanrohmasse, 1 Teelöffel Vanillezucker, Zitronen- oder Orangenaroma, 250 g Mehl, zum Bestreichen: 1 Eigelb, 1 Tasse Zucker

Zutaten verrühren, Mehl darüber sieben und zu einem festen Teig verkneten. 4 Rollen von ca. 4 bis 5 cm Durchmesser formen, in Alufolie einpacken und mindestens 2 Stunden, am besten über Nacht, kühl stellen. Vor dem Backen die Rollen mit Eigelb bestreichen und in Zucker wälzen. Die Rollen in ca. 8 mm dicke Scheiben schneiden und mit etwas Abstand (gehen beim Backen auseinander) auf ein mit Backpapier ausgelegtes Backblech legen. Bei 175 Grad auf mittlerer Schiene 10 bis 15 Minuten backen.
Die Plätzchen sind fertig, wenn der Rand eine goldbraune Färbung annimmt.

Dombützjer

Domküsschen

2 Eiweiß, 100 g feinster Zucker, 100 g gemahlene Haselnüsse, ganze Haselnüsse, kleine Backoblaten oder Papier-Backförmchen (2,5 cm Durchmesser)

Das Eiweiß sehr steif schlagen, dabei vorsichtig den Zucker hineinrieseln lassen. Die gemahlenen Haselnüsse unter die Eiweißmasse heben. Mit einem Teelöffel kleine Portionen auf die Oblaten setzen oder in die Förmchen geben. Jeweils eine Haselnuss in der Mitte aufsetzen und bei 150 Grad auf mittlerer Schiene ca. 20 bis 25 Minuten backen.

Spritzjebäck

Spritzgebäck

125 g Butter, 125 g feinster Zucker, 1 Päckchen Vanillezucker, abgeriebene Schale einer halben Zitrone, 1 Ei, 1 Eiweiß, 250 g Mehl, 200 g Vollmilchkuvertüre

Butter, Zucker, Vanillezucker, Zitronenschale (oder Aroma), Ei und Eiweiß schaumig rühren, das Mehl darüber sieben und alles gut verkneten. Den Teig in eine Teigspritze mit großer Tülle füllen und in verschiedenen Formen auf ein mit Backpapier ausgelegtes Blech spritzen. Bei 180 Grad auf mittlerer Schiene ca. 12 bis 15 Minuten backen. Plätzchen abkühlen lassen. Die Kuvertüre im heißen Wasserbad schmelzen, die Plätzchen mit einem Ende eintauchen und auf Backpapier trocknen lassen.

Muuzemändelcher

125 g Zucker, 60 g Butter, 2 Eier, abgeriebene Schale einer Zitrone, 50 g geriebene Mandeln, 250 g Mehl, 1 Gläschen Rum, außerdem: Frittierfett zum Ausbacken

Butter mit Zucker, Salz und Eiern zu einer dicken Creme schlagen. Rum, Zitronenschale, Mehl und Mandeln unterrühren. Den Teig zugedeckt ca. 2 Stunden kalt stellen. Teig 1 cm dick ausrollen und in ca. 4 x 4 cm große Stücke schneiden. Daraus Mandeln formen und im heißen Fett ausbacken.

Krapfen

50 g Butter, 65 g feinster Zucker, 1 Päckchen Vanillezucker, 2 Eier, 250 g Magerquark, 125 g Mehl, Frittierfett zum Backen, Zucker und Zimt zum Bestreuen

Butter mit Zucker und Vanillezucker schaumig rühren, abwechselnd Quark, Eier und Mehl dazugeben und den Teig kräftig durchkneten. Mit einem Löffel kleine Krapfen abstechen und in heißem Frittierfett schwimmend ausbacken. Die noch heißen Krapfen mit Zucker und Zimt bestreuen.

Kölsche

500 g Mehl, 40 g Hefe, 1 Teelöffel Zucker, 150 ml warme Milch, 40 g Zucker, 2 Esslöffel Öl, 2 Eigelb, 1 Prise Salz, 2 cl Rum, Öl zum Frittieren, Zucker zum Bestreuen

Mehl in eine Schüssel sieben. In die Mitte eine Mulde drücken und die Hefe hineinbröseln, Zucker darüber streuen und mit etwas Milch verrühren. Etwas Mehl darüber stäuben und die Schüssel mit einem Tuch bedeckt bei Zimmertemperatur 15 Minuten stehen lassen. Dann die restliche Milch, Zucker, Öl, Eigelb, Salz und Rum hinzugeben und alles zu einem festen Teig verkneten. Mit einem Tuch bedeckt noch einmal 20 Minuten gehen lassen. Den Teig daumendick ausrollen und runde Plätzchen von etwa 8 cm Durchmesser ausstehen. Die Kölner auf ein Backblech legen und noch einmal 15 Minuten gehen lassen. Dann in heißem Öl schwimmend ausbacken, bis sie goldbraun sind. Die Kölner herausnehmen, abtropfen lassen und noch warm in Zucker wenden.

Muuze

500 g Mehl, 100 g Zucker, 4 Eier, 2 Esslöffel Milch, 1 Prise Salz, 2 Esslöffel Rum, Öl zum Ausbacken, Puderzucker zum Bestäuben

Aus den Zutaten einen Teig bereiten, diesen dünn ausrollen und dann 20 Minuten ruhen lassen. Mit einem Messer Stücke von ca. 4 x 5 cm ausschneiden und mit einer Gabel mehrfach einstechen. Die Teigstücke in heißem Fett schwimmend ausbacken, bis sie hellbraun sind. Die Muuzen auf einem Porzellanteller erkalten lassen und dann mit Puderzucker bestäuben.

Inhalt

Donoh - Nachspeisen

Plätzjer un Koche - Kekse und Kuchen

Fastelovend zesamme

Über dieses Buch

Kochen macht Spaß. Kochen entspannt. Kochen bedeutet Geschmack, Phantasie und Kreativität. Kochen ist Ausdruck von besonderer Kultur und in Köln kocht man nach kölscher Art.

Wer könnte die kölsche Küche besser darstellen als Jan Künster, der sich mit seinen gemütvollen Bildern der kölschen Lebensart verschrieben hat. So entstand die Idee zu diesem Buch, denn der bekannte Künstler ist auch ein leidenschaftlicher Hobbykoch. Seit vielen Jahren verbringt er gemeinsam mit seiner Frau viele Stunden in der Küche, um für die Familie, Freunde oder Gäste Schmackhaftes zuzubereiten. Rezepte die dabei entwickelt oder verfeinert wurden, werden in diesem Buch vorgestellt. Die gesammelten Erfahrungen, Tipps und Tricks werden anschaulich erklärt. Durch das künstlerische Kochbuch führen die Küchenclowns, deren Geschichte zu Anfang dargestellt ist. Sie eröffnen dem Leser ganz besondere Betrachtungsweisen der kölschen Küche.

Die typische kölsche Küche besteht natürlich nicht nur aus kölschen Gerichten, denn das wäre ja für diese Stadt geradezu untypisch. Ein wesentliches Merkmal der liebenswerten Metropole Köln ist schließlich die Integration und Verarbeitung der verschiedensten Einflüsse und Prägungen. Köln wurde von den Römern gegründet, später von den Franzosen und auch von den Preußen beherrscht. Heute ist es ein Schmelztiegel vieler Nationen, was sich in der tatsächlich gelebten Esskultur reflektiert. Deshalb bieten die Rezepte in diesem Buch einen Auszug aus traditionellen Gerichten, aber auch aus der neuen leichten Küche, so wie sie heute überwiegend praktiziert wird.

Die Rezepte erheben keinen Anspruch auf Haute Cuisine! Sie sind größtenteils einfach und lassen sich ohne Mühe nachkochen. Wichtig ist, dass die Zutaten von bester Qualität und wenn möglich frisch sind. Verwenden Sie nur hochwertiges Olivenöl; ziehen Sie Ihre Kräuter im Garten, auf der Terrasse oder auf der Fensterbank; nehmen Sie nur frischen Knoblauch und vermeiden Sie Gemüse oder Pilze aus der Dose. Frisches schmeckt einfach besser! Und zum Kochen braucht man natürlich Zeit und Geduld, denn vieles muss bei geringer Hitze etwas länger "schmurgeln", damit sich die Aromen voll entwickeln können.

Also, viel Spaß in der Küche!

Über die Autoren

Der Bonner Künstler, Jan Künster, geb. 1951, absolvierte nach dem Besuch der Kölner Kunsthochschule eine Ausbildung zum Offset-Reprograf und wandte sich dann Anfang der 80er Jahre der freien Malerei zu. Durch seine dynamischen Pferdebilder ist er in kurzer Zeit international bekannt geworden. Seine Arbeiten wurden in zahlreichen Einzelausstellungen weltweit gezeigt. Die Originale seiner Bilder befinden sich heute teils in Museen und in bedeutenden Privatsammlungen.

Milca Künster, geb. 1953, ist selbständige Rechtsanwältin mit einer eigenen Kanzlei in Bonn. Neben ihrer Anwaltstätigkeit verfasst sie die Texte zu den Werken ihres Mannes, nicht nur zu den Büchern, sondern auch im Zusammenhang mit PR, Marketing und Management.

Das Ehepaar Künster lebt und arbeitet mit großer Familie in Bonn.

Jan Künster war der Stadt Köln als Heimatstadt seines Vaters schon immer sehr verbunden. 1994 veröffentlichte er mit großem Erfolg einen Kalender mit Bildern der berittenen Gesellschaften im Kölner Karneval. Danach entstand aus den Federn der Autoren der Kunstband "Carneval Colonia 2000", ein modernes Bilderbuch, das in liebevoll gemalter Manier die Seele der Stadt Köln und ihre Verschmelzung mit dem Karneval einfängt. Mittlerweile erscheint im eigenen Edition Modity Verlag im jährlichen Turnus der Colonia-Kalender mit gemalten Motiven zur kölschen Lebensart, der sich bereits zum Sammler- und Kultobjekt entwickelt hat. Mit diesem Kochbuch ist wieder ein außergewöhnliches Werk gelungen, das den Leser und Betrachter diesmal in die kölsche Küche entführt.

Weiteres erfahren Sie unter: **www.jan-kuenster.com** oder **www.colonia-kunst.de**